10/13

D1542588

Cepíllate, usa hilo dental y enjuágate

Brush, Floss, and Rinse

por/by Amanda Doering Tourville   **ilustrado por/illustrated by Ronnie Rooney**

Un agradecimiento especial a nuestros asesores por su experiencia/
Special thanks to our advisers for their expertise:

Lauri Calanchini, RDA
Instructora de Profesiones Odontológicas, CSROP/CSROP Dental Careers Instructor
El Dorado, California

Terry Flaherty, PhD, Profesor de Inglés/Professor of English
Universidad del Estado de Minnesota, Mankato/Minnesota State University, Mankato

PICTURE WINDOW BOOKS
a capstone imprint

Editor: Christianne Jones
Translation Services: Strictly Spanish
Designer: Tracy Davies
Bilingual Book Designer: Eric Manske
Production Specialist: Sarah Bennett
Art Director: Nathan Gassman
The illustrations in this book were created with
ink and watercolor.

Picture Window Books
151 Good Counsel Drive
P.O. Box 669
Mankato, MN 56002-0669
877-845-8392
www.capstonepub.com

Copyright © 2012 by Picture Window Books, a Capstone imprint.
All rights reserved. No part of this book may be reproduced without
written permission from the publisher. The publisher takes no
responsibility for the use of any of the materials or methods
described in this book, nor for the products thereof.

All books published by Picture Window Books
are manufactured with paper containing at least
10 percent post-consumer waste.

Library of Congress Cataloging-in-Publication Data
Tourville, Amanda Doering, 1980–
  [Brush, floss, and rinse. Spanish & English]
  Cepíllate, usa hilo dental y enjuágate = Brush, floss, and rinse /
por Amanda Doering Tourville ; ilustrado por Ronnie Rooney.
        p. cm.—(Picture Window bilingüe. Cómo mantenernos saludables =
Picture Window bilingual. How to be healthy)
  Summary: "Simple text and bright illustrations describe how to keep
teeth healthy and strong—in both English and Spanish"—
Provided by publisher.
  Includes index.
  ISBN 978-1-4048-6889-2 (library binding)
  1. Teeth—Care and hygiene—Juvenile literature. 2. Dental care—
Juvenile literature. I. Rooney, Ronnie, ill. II. Title: Brush, floss, and
rinse. III. Series.
RK63.T6818 2012
617.6—dc22   2011000813

Printed in the United States of America in North Mankato, Minnesota.
032011   006110CGF11

You need your teeth to chew your food. You need your teeth to talk and smile. It's important to take care of your teeth and gums. There are many ways to keep them clean and healthy.

Tú necesitas tus dientes para masticar los alimentos. Tú necesitas tus dientes para hablar y sonreír. Es importante cuidar tus dientes y encías. Hay muchas maneras de mantenerlos limpios y saludables.

3

Kyle and Alan brush their teeth every night before bed.
They brush the top, front, and back of each tooth.

Kyle y Alan se cepillan los dientes cada noche antes de
irse a dormir. Ellos se cepillan cada diente por arriba,
por el frente y por atrás.

A sticky layer forms on your teeth. This layer is called plaque. Brushing helps remove the plaque from your teeth.

Una capa pegajosa se forma en tus dientes. Esta capa se llama placa. El cepillado ayuda a remover la placa de tus dientes.

5

After brushing, Kyle and Alan ask their mom to help them floss. Their mom helps them move the floss between their teeth.

Después del cepillado, Kyle y Alan le piden ayuda a su mamá para usar el hilo dental. Su mamá los ayuda a mover el hilo dental entre sus dientes.

Flossing helps remove food and plaque that gets stuck between your teeth. It keeps your teeth and gums healthy.

El uso del hilo dental ayuda a remover los alimentos y la placa que se quedan atorados entre los dientes. Esto mantiene los dientes y encías saludables.

7

Alan and Kyle do not chew the ice in their water glasses. They know that chewing on hard objects can damage their teeth.

Never chew on hard objects like candy or ice. They can chip or break your teeth.

Nunca mastiques objetos duros como dulces o hielo. Éstos pueden partir o quebrar tus dientes.

Alan y Kyle no mastican el hielo de sus vasos de agua. Ellos saben que masticar objetos duros puede dañar sus dientes.

Alan and Kyle brush their teeth every morning. They brush for two minutes to make sure their teeth are clean.

Alan y Kyle se cepillan los dientes cada mañana. Ellos se cepillan durante dos minutos para asegurarse que sus dientes estén limpios.

Use only a small amount of toothpaste. It should be no bigger than a pea. Do not swallow the toothpaste.

Usa sólo una pequeña cantidad de pasta dental. No debe ser más grande que un guisante. No te tragues la pasta dental.

11

Alan has been using his toothbrush for a long time.
The bristles are bent.

Alan ha estado usando su cepillo de dientes durante
mucho tiempo. Las cerdas están dobladas.

12

He asks his mom for a new toothbrush.

Él le pide a su mamá un cepillo de dientes nuevo.

Toothbrushes wear out. You should get a new toothbrush every three months.

Los cepillos de dientes se desgastan. Debes cambiar tu cepillo de dientes cada tres meses.

13

Alan plays hockey after school. He wears a plastic mouth guard to protect his teeth.

Alan juega hockey después de la escuela. Él se pone un protector bucal de plástico para proteger sus dientes.

When playing a contact sport, it's important to protect your teeth.

Cuando juegas deportes de contacto, es importante proteger tus dientes.

15

Alan and Kyle choose apples instead of cookies for a snack.
They know that sugar is bad for their teeth.

Alan y Kyle eligen manzanas en lugar de galletas como meriendas. Ellos saben que el azúcar es mala para sus dientes.

Eating sugary snacks can cause your teeth to decay, which can cause cavities.

Comer meriendas azucaradas puede causar que tus dientes se debiliten y se produzcan caries.

17

Alan pours glasses of milk for himself and Kyle. Milk will keep their teeth strong.

Milk contains calcium. Calcium helps you grow strong bones and teeth.

La leche contiene calcio. El calcio te ayuda a desarrollar huesos y dientes fuertes.

18

Alan sirve vasos de leche para Kyle y para él.
La leche mantiene sus dientes fuertes.

Kyle and Alan use fluoride rinse after brushing and flossing. They swish it around for one minute.

Kyle y Alan usan enjuague de flúor después de cepillarse y de usar hilo dental. Ellos se enjuagan durante un minuto.

20

Fluoride keeps your teeth from decaying. Children must be at least 6 years old to use fluoride safely.

El flúor impide que tus dientes se deterioren. Los niños deben tener al menos 6 años de edad para usar el flúor de manera segura.

21

Alan and Kyle go to the dentist for checkups.

Alan y Kyle van al dentista para que los revise.

They listen when the dentist tells them how to keep their teeth and gums clean and healthy.

Ellos escuchan atentos cuando la dentista les dice cómo mantener limpios y saludables sus dientes y encías.

Everyone should have his or her teeth cleaned and checked once or twice a year.

Todos deben hacerse una revisión y una limpieza dental una o dos veces por año.

23

Internet Sites

FactHound offers a safe, fun way to find Internet sites related to this book. All of the sites on FactHound have been researched by our staff.

Here's all you do:

Visit *www.facthound.com*

Type in this code: 9781404868892

Super-cool stuff! Check out projects, games and lots more at www.capstonekids.com

Index

Sitios de Internet

FactHound brinda una forma segura y divertida de encontrar sitios de Internet relacionados con este libro. Todos los sitios en FactHound han sido investigados por nuestro personal.

Esto es todo lo que tienes que hacer:

Visita *www.facthound.com*

Ingresa este código: 9781404868892

¡Algo súper divertido! Hay proyectos, juegos y mucho más en www.capstonekids.com

Índice